EXPOSÉ

DES

TITRES ET TRAVAUX

DE

M. LE DR E. LEGRAIN

ANCIEN PRÉPARATEUR A LA FACULTÉ DE MÉDECINE
LAURÉAT DE LA FACULTÉ DE MÉDECINE DE NANCY
MÉDECIN AIDE-MAJOR DE 1re CLASSE

A L'APPUI

DE SA CANDIDATURE A L'AGRÉGATION

(Section de Pathologie interne et de Médecine légale)

PARIS

TYPOGRAPHIE CHAMEROT ET RENOUARD

19, RUE DES SAINTS-PÈRES, 19

1892

EXPOSÉ

DES

TITRES ET TRAVAUX

DE

M. LE DR E. LEGRAIN

ANCIEN PRÉPARATEUR A LA FACULTÉ DE MÉDECINE
LAURÉAT DE LA FACULTÉ DE MÉDECINE DE NANCY
MÉDECIN AIDE-MAJOR DE 1re CLASSE

A L'APPUI

DE SA CANDIDATURE A L'AGRÉGATION

(Section de Pathologie interne et de Médecine légale)

PARIS

TYPOGRAPHIE CHAMEROT ET RENOUARD

19, RUE DES SAINTS-PÈRES, 19

1892

TITRES ET TRAVAUX

Nommé au concours préparateur du laboratoire de M. le professeur Macé, mai 1886.

— Reçu docteur en médecine. (Note *très bien*) 1888.

— Lauréat de la Faculté de médecine de Nancy (prix de thèse).

— Médecin aide-major de 1re classe; — attaché au laboratoire de bactériologie de l'hôpital militaire de Lille (1890).

Nota. — La plupart de nos recherches de microbiologie ont été faites soit au laboratoire de M. le professeur Macé (de Nancy), soit au laboratoire de bactériologie de l'hôpital militaire de Lille auquel nous avons été attaché par M. le médecin inspecteur Arnould.

I

PROPRIÉTÉS GÉNÉRALES DES BACTÉRIES

1. *Sur la biogénèse de l'hydrogène sulfuré.*

En collab. avec M. DEBBAYE.
(*Comptes rendus de la Société de biologie*, juillet 1890.)

La production de l'hydrogène sulfuré était considérée comme spéciale à un nombre très restreint de bactéries — surtout au *B. sulphydrogenus* (Miquel). En réalité, en plaçant de très nombreuses espèces bactériennes dans des conditions particulières, en présence du soufre libre dans des milieux albuminoïdes, on peut observer la production d'hydrogène sulfuré. Cette propriété est facile à constater pour de nombreuses espèces de l'eau, du tube digestif, etc.

2. *Contribution à l'étude de la culture des bactéries dans les milieux colorés.*

(*Annales de l'Institut Pasteur*, novembre 1891.)

Nœggerath et Gasser avaient montré que quelques bactéries (B. typhique, B. du côlon) décoloraient les milieux teints à la fuchsine. Un bacille pathogène pour l'homme et le lapin, étudié par nous, possède à un haut degré cette propriété qui était attribuée à des phénomènes obscurs d'oxydation. L'explication de cette décoloration est plus simple : une ammoniaqne composée produite par le bacille décompose le sel de rosaniline qui colore le milieu nutritif en donnant un sel incolore et en mettant en liberté la base rosaniline également incolore.

3. *Sur le bacille rouge de Globig.*

Avec 1 planche gravée par l'auteur.
(*Revue méd.* de l'Est, oct. 1888).

Cette note renferme l'étude morphologique d'un bacille rencontré sur des pommes de terre insuffisamment stérilisées, beaucoupplus rare que *B. mesentericus fuscus* et que *B. mesentericus vulgatus* et connu depuis sous le nom de Bacille rouge de la pomme de terre. Ce bacille est très résistant à la chaleur. Ses spores ne sont tuées qu'après un séjour d'une minute à 130°.

4. *Contribution à l'étude des anciens pus.*

En collaboration avec M. le Dr FRAISSE.
(*Archives de tocologie*, 1892).

A la suite d'une ovariotomie, le contenu purulent d'un kyste fit irruption dans le péritoine.

Aucun lavage ne fut fait et la guérison eut lieu sans irritation péritonéale. L'explication de ce fait fut donnée par l'examen bactériologique du pus.

Les préparations, les cultures et les inoculations montrèrent l'absence complète de bactéries dans le pus au moment de l'opération.

II

BLENNORRHAGIE ET COMPLICATIONS

5. *Recherches sur les rapports qu'affecte le gonococcus avec les éléments du pus blennorrhagique.*

(*Archives de physiologie normale et pathologique*, 1887.)

6. *Contribution à la diagnose du gonococcus.*

(*Annales des maladies des organes génito-urinaires*, août 1888.)

7. *Le Micrococcus gonorrheæ et la théorie de la phagocytose.*

Nancy, 1888, avec 2 planches de microphototypie.

8. *Les Microbes des écoulements de l'urèthre.*

Contribution à l'étude de l'étiologie et de la pathogénie des uréthrites, avec 9 planches. *Thèse de doctorat*, 1888.

9. *Les Associations microbiennes de l'urèthre. Leur rôle dans la blennorrhagie et ses complications.*

(*Annales des maladies des organes génito-urinaires*, 1889.)
Avec 2 planches.

10. *Contribution à l'étude de la pathogénie des complications de la blennorrhagie.*

In thèse de De Broë. Paris, 1889.

Dans ces recherches commencées en 1886, nous avons cherché à élucider un certain nombre de points relatifs à la blennorrhagie et à ses complications ; nous avons étudié successivement :

a) La morphologie du microbe de Neisser et sa diagnose ; le gonocoque est caractérisé par l'ensemble des caractères suivants : forme en diplocoque, présence dans les globules de pus, décoloration par la méthode de Gram.

b) La topographie du gonocoque aux diverses périodes de l'écoulement blennorrhagique : au début, on le trouve sur les cellules épithéliales. Plus tard il pénètre dans la profondeur de la muqueuse pour revenir sur l'épithélium à la période chronique, en produisant de profondes modifications de l'épithélium étudiées depuis par Baraban, Hallé, etc.

c) La difficulté de la culture du gonocoque. Nous décrivons les cultures sur gélose glycérinée et dans le bouillon.

d) La quasi impossibilité au point de vue médico-légal de déceler le gonocoque sur des linges souillés par le pus uréthral ; cette opinion a été reprise depuis, dans ce sens, par MM. Aubert, Vibert, etc.

e) L'étude biologique de nombreuses espèces bactériennes qui vivent à l'état de saprophytes sur la muqueuse uréthrale saine et pathologique : nous étudions ainsi une quinzaine d'espèces dont trois bacilles et un spirille. Parmi ces bactéries, quelques-unes peuvent devenir pathogènes dans certaines circonstances (*M. pyogenes aureus*, *M. pyogenes albus*, *Bacterium pyogenes*) et jouent un rôle considérable surtout dans la pathogénie des complications de la blennorrhagie.

On admettait en effet, avec Petrone, Kammerer, etc., la présence du *micrococcus gonorrheæ* dans les complications de la blennorrhagie. Or, une critique détaillée des recherches des auteurs précédents montre que leur diagnose du gonocoque n'était pas suffisamment établie sur la constatation de l'ensemble des caractères indiqués précédemment.

D'ailleurs des recherches directes, basées sur les méthodes de diagnose précitées et des cultures montrent que les diverses complications de la blennorrhagie sont dues à des infections secondaires. Cette opinion concorde avec les recherches entreprises depuis par les divers auteurs qui se sont occupés de cette question.

III

AFFECTIONS DES VOIES GÉNITO-URINAIRES
(SAUF LA BLENNORRHAGIE)

11. *Uréthrite chez un convalescent de fièvre typhoïde.*

> (*Annales des maladies des organes génito-urinaires*, mai 1889.)

12. *Contribution à l'étude de l'étiologie des uréthrites non blennorrhagiques,* id. juin 1889.

13. *Uréthrite chez un rhumatisant.*

> (*Annales des maladies des organes génito-urinaires*, p. 559, sept. 1890.)

14. *Sur un cas d'uréthrite non blennorrhagique, compliquée d'épididymite.*

> En collab. avec le docteur Legay.
> (*Annales des maladies des organes génito-urinaires*, oct. 1891.)

15. *Sur un streptocoque non pathogène existant dans le mucus vaginal.*

Société de biologie, juillet 1888.

16. *Sur les caractères de culture d'une levure du mucus vaginal.*

Société de biologie, janv. 1889.

Nous avons étudié dans ces travaux les inflammations non gonococciennes de l'urèthre. La muqueuse uréthrale est susceptible de s'enflammer sous l'influence de bactéries diverses, surtout des bactéries pyogènes (*M. pyogenes aureus, Str. pyogenes*). Les microcoques vulgaires de la suppuration se trouvent d'ailleurs à l'état normal dans l'urèthre ou peuvent y être introduits par un cathétérisme peu soigneux. D'où : production d'uréthrites de nature spéciale faciles à diagnostiquer par l'examen bactériologique.

Dès 1888, nous avons soutenu la pluralité des uréthrites et insisté sur la spécificité du microbe de Neisser. Depuis, cette spécificité a été fortement battue en brèche : Pour quelques auteurs le gonocoque existerait sur la muqueuse uréthrale saine où toute irritation pourrait favoriser son développement.

S'il en était réellement ainsi, on se demande pourquoi le gonocoque ne se retrouve pas dans les uréthrites consécutives au cathétérisme, aux irritations diverses, dans les uréthrites qui surviennent au cours des fièvres graves ou du rhumatisme, etc.

Des différents cas analysés par nous, au contraire, il est possible de conclure à la pluralité des uréthrites : certaines d'entre elles sont sous la dépendance du *M. pyogenes aureus*, d'autres relèvent du streptocoque pyogène, etc... Ces différentes formes peuvent d'ailleurs présenter les mêmes complications que les uréthrites à gonocoque. Leurs symptômes cliniques varient d'un cas à l'autre ; mais en général on trouve qu'elles se distinguent de la majorité des uréthrites à gonocoque par une incubation plus courte (24 à 48 heures), des symptômes douloureux moins aigus, une tendance assez marquée à la guérison spontanée, sauf dans les cas où le bacille de Koch est en jeu.

IV

SUR LA SUPPURATION

16. *Variations de virulence du streptocoque pyogène.*

Passim in thèse de Janot. Nancy, 1888. Sur la pathogénie du phlegmon diffus.

A propos d'un cas mortel de phlegmon diffus du tronc et de plusieurs autres cas, nous avons été amené à faire des expériences sur les variations de virulence du streptocoque. Nous signalons l'existence des ostéomyélites expérimentales à streptocoque.

17. *Sur un cas d'arthrite traumatique suppurée du genou, due au staphylocoque blanc.*

In thèse de Durand, Nancy, 1888.

Note bactériologique sur un cas extrêmement bénin d'arthrite suppurée du genou consécutive à une plaie par instrument piquant. La bénignité de l'affection s'explique par son étiologie.

18. *Étiologie de certains abcès fétides chez les poules.*

En collaboration avec M. E. JACQUOT.
Recueil de médecine vétérinaire, décembre 1888.

Ces abcès sont dûs à une bactérie pyogène que ses propriétés rapprochent beaucoup du *Bacillus pyogenes fœtidus.*

V

PNEUMONIE ET COMPLICATIONS

19. *Méningite et pneumonie.*

Note bactériologique dans le travail de MM. Bernheim et Simon.
Revue méd. de l'Est, 1er septembre 1887.

20. *Méningite au cours de la pneumonie.*

Note bactériologique dans le travail de M. Simon. *Soc. de méd. de Nancy*, sept. 1887.

21. *Broncho-pneumonie infectante.*

Notes bactériologiques. *Soc. de méd. de Nancy*, nov. 1887.
Rev. méd. de l'Est, 15 déc. 1887, et 15 oct. 1888.

Ces différentes notes ont trait à des méningites suppurées au cours de la pneumonie.

VI

TRAVAUX DIVERS

22. *Contribution à l'étude de l'érythème infectieux.*

En collaboration avec M. le professeur agrégé Simon.
Annales de dermatologie et syphiligraphie, 25 nov. 1888.

Dans un cas d'érythème infectieux le sang pris sur le vivant donna naissance à des colonies de deux microcoques différents dont l'un est pathogène pour les animaux d'expérience.

23. *Sur un cas d'actinomycose de la face.*

Annales de dermatologie, novembre 1891.

Un cas d'actinomycose de la face, existant depuis près de deux ans sous forme de nodosités de la joue, nous a permis d'étudier expérimentalement cette maladie qui avait affecté ici une forme relativement bénigne.

On connaît les rapports morphologiques qui existent entre l'*actinomyces* et les *cladothrix* : mêmes éléments filamenteux, mêmes formes d'involution, cultures très semblables.

Cultivant depuis plusieurs années des *cladothrix* de provenances diverses, nous avons essayé de reproduire, par l'injection aux animaux de ces bactéries réputées saprophytes, des nodosités. En utilisant les cultures âgées de certains *cladothrix*, il est possible de déterminer surtout chez le lapin des nodules pseudo-actinomycosiques. On a d'ailleurs signalé (Eppinger) des mycoses à *cladothrix* chez l'homme.

Il est donc possible qu'un jour l'actinomycose soit dissociée et qu'on y découvre plusieurs affections très semblables dues à des infections par différents *cladothrix*.

24. *Sur une pseudo-tuberculose expérimentale du lapin, produite par un bacille trouvé chez un phtisique.*

Bulletin médical, novembre 1891.

A côté de la tuberculose produite par le bacille de Koch, il est une forme de pseudo-tuberculose dont quelques cas ont été récemment publiés. Le bacille que nous décrivons semble identique à celui qu'ont trouvé MM. Du Cazal et Vaillard dans une « affection parasitaire de l'homme transmissible au lapin ». Un autre cas a été dernièrement rencontré par M. le professeur Hayem.

Cette affection peut exister seule ou au contraire compliquer la tuberculose de Koch.

25. *L'Urobilinurie.*

Revue critique. *Annales des maladies des organes génito-urinaires.* Décembre 1891.

Procédé de dosage. Importance clinique de la recherche de l'urobilinurie.

26. *Contribution à l'étude du muguet. Un cas de muguet sous-glottique.*

En collaboration avec le Dr LEGAY. En cours de publication dans les *Archives de médecine*, 1892.

27. *Chancrelles multiples. Fièvre hectique. Traitement par l'eau chaude.*

En cours de publication dans les *Annales de dermatologie*.

VII

PATHOLOGIE EXPÉRIMENTALE

28. *Sur une septicémie gangréneuse des grenouilles.*

Comptes rendus de la Société de biologie, 21 avril 1888.

29. *Étude d'un microbe déterminant une septicémie gangréneuse des grenouilles.*

Avec fig. *Le Naturaliste*, 15 juin 1888.

30. *Recherches expérimentales sur l'étiologie et le traitement préventif de la gourme des jeunes chiens.*

En collaboration avec M. E. Jacquot.
Recueil de médecine vétérinaire, 15 mars 1890.

VIII

REVUES ET ANALYSES

31. *Analyses des travaux italiens concernant les affections des voies génito-urinaires et l'urologie.*

Annales des maladies des organes génito-urinaires, 1890, 1891, 1892.

Paris. — Typ. Chamerot et Renouard, 19, rue des Saints-Pères. — 28453